CATALOGUE

DE

BOIS SCULPTÉS

PRINCIPALEMENT

des XVe et XVIe siècles

Meubles, Coffres, Bahuts, Stalles, Panneaux, Colonnes,
Frises, Ornements, Sièges

PLAQUETTES ET BRONZES DE LA RENAISSANCE

Objets de vitrine

Peintures et Panneaux décoratifs

TAPISSERIES

DE LA RENAISSANCE

Fragments, Bordures, etc. — Curiosités diverses

Livres anciens — Ouvrages à figures

L'Ornement des tissus, par DUPONT-AUBERVILLE (plusieurs exemplaires)

DE LA

COLLECTION DE FEU M. DUPONT-AUBERVILLE

ET DONT LA VENTE AURA LIEU

HOTEL DROUOT, SALLE N° 1

Les Vendredi 3 et Samedi 4 Avril 1891

à 2 heures

Me Paul CHEVALLIER	**M. Charles MANNHEIM**
COMMISSAIRE-PRISEUR	EXPERT
10, rue de la Grange-Batelière, 10	7, rue Saint-Georges, 7

EXPOSITION PUBLIQUE

Le Jeudi 2 Avril 1891, de 1 heure 1/2 à 5 heures 1/2

CONDITIONS DE LA VENTE

Elle sera faite *expressément* au comptant.

Les Acquéreurs payeront CINQ POUR CENT en sus des adjudications, applicables aux frais de la vente.

L'Exposition mettant les acquéreurs à même de se rendre compte de l'état et de la nature des objets, il ne sera admis aucune réclamation une fois l'adjudication prononcée.

Paris. — Imp. de l'Art, E. Ménard et Cⁱᵉ, 41, rue de la Victoire.

COLLECTION

DE FEU

M. DUPONT-AUBERVILLE

QUATRIÈME VENTE

Les Vendredi 3 et Samedi 4 Avril 1891

HOTEL DROUOT, SALLE N° **1**

BOIS SCULPTÉS

Bronzes

TAPISSERIES

LIVRES

EXPOSITION PUBLIQUE

LE JEUDI 2 AVRIL 1891

De 1 heure 1/2 à 5 heures 1/2

Mᵉ P. CHEVALLIER	**M. CH. MANNHEIM**
COMMISSAIRE-PRISEUR	EXPERT
10, rue de la Grange-Batelière, 10	7, rue Saint-Georges, 7.

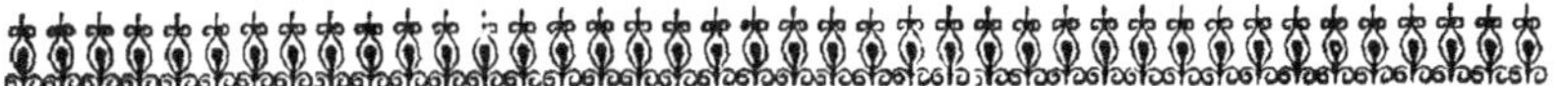

DÉSIGNATION DES OBJETS

BRONZES ET PLAQUETTES

1 — Petit flambeau à tige carrée élevée sur trois pieds se repliant, en cuivre champlevé, émaillé et doré ; chaque pied se compose de trois écus superposés, celui du milieu portant un lion héraldique, les deux autres une crosse d'évêque. XIIIᵉ siècle.

2 — Coupe en bronze, décorée d'un rang de grecques, de lyres, de cornes d'abondance et de chimères en relief sur fond pointillé ; anses torses à têtes chimériques. XVIᵉ siècle.

3 — Flambeau en bronze italien de la Renaissance, à tige hexagone et composée de facettes losangées où sont gravées des fleurs de lis et des quartefeuilles alternés. Le pied est décoré de fleurons et d'entrelacs.

4 — Baiser de paix en bronze doré ; plaquette représentant le Christ ressuscité apparaissant aux apôtres ; encadrement de demi-colonnes ornées supportant un entablement à fronton. Italie. XVIᵉ siècle.

5 — Petit temple hexagone composé d'arcades, cantonné de colonnettes et couronné d'un dôme finement ajouré, d'ornements Renaissance.

6 — Coffret en bronze doré, décoré de gravures, figures et ornements, et à pourtour architectural à pilastres et moulures. Fin du xvie siècle.

7 — Tige de flambeau en bronze doré ; la douille, ornée de cartouches à mufles de lion, est supportée par un fût imitant un tronc d'arbre auquel sont adossés trois hommes nus dansant, coiffés de turbans, les bras entrecroisés. Italie. Commencement du xvie siècle.

8 — Amorçoir en bronze doré, montrant sur chaque face une figurine de guerrier, et, sur les côtés, des bandes d'entrelacs. Armoiries et date : 1574.

9 — Poudrière conique en cuivre, à sujet de chasse en bas-relief dans un médaillon lobé. xviie siècle.

10 — Pulvérin (?) conique et aplati en bronze doré, à décor de chimères et d'oiseaux. xvie siècle.

11 — Tête grimaçante de vieillard, coiffé d'un capuchon, en bronze doré. Italie. xvie siècle.

12 — Tête de chimère en bronze doré. Italie. xvie siècle.

13 — Plaquette rectangulaire offrant en bas-relief un masque de Méduse et une guirlande de laurier fixée par des rubans. Italie. xve siècle.

14 — Autre de même dimension et offrant la même guirlande ; dans celle-ci, la tête de Méduse est remplacée par une médaille : femme de profil à gauche. xve siècle.

15 — Plaquette de tiroir en bronze doré : Femme se perçant d'une épée. xvie siècle.

16 — Autre plus petite : Cérès.

17 à 20 — Petites plaquettes, médailles et ornements en bronze de la Renaissance.

21-22 — Petits bas-reliefs et plaquettes en plomb et en étain de la Renaissance : figures allégoriques d'après Briot, etc.

23 — Bas-relief circulaire représentant l'un des travaux d'Hercule. XVIe siècle.

24 — Plaquette rectangulaire en bronze doré : figures mythologiques, faunes, satyres, femmes entourant deux hommes drapés; à droite, un personnage assis en costume du XVIIe siècle. Style du Poussin.

25 — Deux sphinx en bronze du XVIIe siècle, sur plinthes rectangulaires de marbre blanc.

26 — Figurine du Temps, assis sur le sol, en bronze du XVIIe siècle.

27 — Cariatide : Négresse engainée, en bronze portant des traces de dorure. XVIe siècle.

28 — Flambeau gothique à base triangulaire percée d'ajours. XIIIe siècle.

29 — Petit flambeau formé d'un vase de bronze antique, fixé sur une base carrée de bronze Louis XIII.

30-31 — Quatre statuettes d'Écorchés en bronze. XVIe et XVIIe siècles.

32 — Dragon en bronze portant sur l'épine dorsale une bande à semis d'étoiles et de pois. Époque Louis XIV.

33 — Figurine de Génie, les bras surélevés et portant sur les épaules un vase porte-lumière ; base triangulaire feuillagée et à griffes. Italie. xvıe siècle.

34 — Deux pieds de coupes en bronze, à patine brune, composés chacun de deux figurines adossées : faune et faunesse, assis sur un socle carré à coquille et rinceaux. Époque Louis XIV.

35 — Deux consoles-appliques et deux feuilles d'acanthe en bronze.

36 — Deux cercles en bronze doré, composés de Divinités de la fable en bas-relief. xvıııe siècle.

OBJETS VARIÉS

37 — Plaque en émail de Limoges du xvıe siècle, de forme rectangulaire en hauteur : Sainte Véronique tenant le linge où apparaît la Sainte Face ; émaux de couleurs, fond bleu, rehauts d'or ; cadre de bois noir, à colonnes et fronton, niellé d'or.

38 — Calice en argent estampé, gravé et doré, à tige prismatique, à nœud et pied à redans décoré des emblèmes de la Passion et de diverses inscriptions. xve siècle.

39 — Couronne de sainte en argent ajouré et doré du xvııe siècle.

40 — Plaquette ovale en argent fondu et ciselé : Minerve dans un encadrement composé de mufles de lions, d'oi-

seaux, de guirlandes et surmontée de deux figurines de femmes assises sur des cornes d'abondance.

41 — Navette à encens, incomplète, en argent repoussé en forme de nacelle : décor à figures et pentes de fruits. Fin du XVIe siècle.

42 — Trois pièces : coupe écaille avec anse argent, ancienne tasse à vin en argent, salière argent à armoiries et date 1600.

43 — Ornement de ceinture en argent doré montrant en bas-relief un mascaron, la Création de la femme, Adam et Ève. XVIe siècle.

44 — Deux pièces argent doré : patène gravée du XVe siècle et un fuseau ? à petits cabochons émaillés bleu.

45 — Couronne de Vierge en argent estampé et doré, ornée de pierres de couleurs et de perles.

46 — Petit réchaud en argent, manche en bois. XVIIIe siècle.

47 — Deux cuillères à mascarons et entrelacs, argent.

48 — Trois couteaux du XVIIIe siècle : manches en argent gravés d'armoiries.

49 — Couteau et fourchette à manches d'argent gravé. XVIIe siècle.

50 — Col de vase en argent émaillé bleu à rehauts d'or.

51 — Médaillon en écaille dorée, Louis XIV, de profil à droite.

52 — Quenouille et affiquet en bois tourné, enrichis de bagues et de petites rosaces en ivoire. xviiie siècle.

53 — Deux pièces en bois : affiquet terminé par une pyramide de petites figures sculptées en ronde bosse et un busc à rosaces et ornements sculptés. xviie siècle.

54 — Fragment de peigne en bois du xvie siècle, portant des inscriptions en gothique et l'écu fleurdelisé.

55 — Petit cabinet du xviie siècle, en palissandre, à deux portes ; intérieur en ivoire d'aspect architectural.

56 — Lot de pendeloques et d'ornements en cristal de roche.

57 — Deux pièces persanes : coffret en fer gravé et doré, et un plateau rond en cuivre à inscriptions.

58 — Lot de couverts de voyage, couverts de poche, etc.

59 — Lot d'anciennes lanternes de poche.

60 — Lot de fragments d'anciens vitraux.

61 — Petit cadre italien rectangulaire en cuivre repoussé et doré ; trophées d'armes et ornements avec moulures de bois noir. xvie siècle.

62 — Ancien coffret-tirelire revêtu de velours rouge et décoré de clous, rosaces en cuivre.

63 — Coffret à décor de rinceaux et d'emblèmes en incrustations de nacre et de cuivre. Époque Louis XIII.

64 — Coffre-tirelire gothique ; la face ornée de meneaux sculptés.

65 à 68 — Serrures gothiques et de la Renaissance, coffret porte-missel, fermoir de coffre, penture et divers fragments en fer ouvré.

69 — Montres ovales et mouvements en cuivre. XVIIe siècle.

70 — Écrin de couvert en cuir ciselé. XVIIe siècle.

71 — Trente pions de trictrac, bois frappé, sujets satiriques, effigies de souverains, etc. Allemagne, XVIIIe siècle.

72 — Trois petits objets en ivoire.

73 — Divers objets : bas-reliefs, boîtes, boutons, fer de hache, peigne, etc.

74 — Deux tasses à deux anses et soucoupes, Sèvres, pâte dure, fond vert foncé, filets et pampres en dorure.

75 — Deux petites coupes Sèvres, fond gros bleu et décor en dorure ; monture bronze patiné avec quatre pieds griffons.

76 — Quatre carreaux de revêtement en porcelaine de Chantilly, festons de fleurs et rubans en bleu sur fond blanc.

77 — Socle rond en porcelaine de Dagoty, à Paris, genre Wedgwood, avec filets or.

78 — Quatre vases en porcelaine décorée de l'Empire, dont deux de la fabrique de Locré avec le nom : Renou.

79 — Lot de petites pièces en Wedgwood, pot à tabac.

80 — Tasses, encriers, coupes, etc., en porcelaine décorée de l'Empire.

81 — Deux plaquettes ovales, Sèvres, pâte tendre; corbeilles de fleurs et entourage bleu clair.

PEINTURES ET PANNEAUX DÉCORATIFS

82 — Deux panneaux décoratifs de l'école italienne du xviie siècle : Amours et fleurs sur fond doré.

83 — Lot de petits panneaux : Amours sur fond or. xviie siècle.

84 — Deux écoinçons panneaux Louis XIV, fond or, coquilles et feuillages en couleurs, encadrés de baguettes sculptées.

85 — Trois portes à figures et ornements peints en grisaille sur fond or échiqueté noir.

86 — Fragment d'un dessus de clavecin de l'époque de Louis XIV, décoré sur une face d'une peinture représentant un triomphe; l'autre face porte les restes d'une marqueterie de Boulle.

87 — Panneau décoratif attribué à Girodet : Nymphe dans un motif d'encadrement en dorure, fond blanc.

88 — Petit tableau : Déesse sur les nues, par Vallin.

89 — Deux peintures attribuées à Pillement, modèles pour

la fabrication des soieries ; fleurs, fruits, festons, rubans enroulés, etc.

90 — Petit plafond oblong et contourné, composé de **quatre** panneaux peints : Amours et fleurs sur fond or, avec milieu ovale et entredeux en glace étamée et ornements de rocailles en bois rapportés et noircis. Italie, xviie siècle.

91 — Suite de six curieux panneaux cintrés, provenant d'une voussure et représentant des bustes de jeunes femmes sous des arceaux en ogive portant sur des colonnes torses. Peinture en détrempe. Italie, xve siècle.

92 — Peinture sur cuivre : Portrait d'une dame de qualité de la fin du xvie siècle, dans un encadrement d'aspect monumental, à fronton, noir et or.

93 — Deux cadres contenant des fragments de peinture antique.

94 — Tableau : Femme nue couchée sur un lit, grisaille attribuée à Ingres.

95 — Dessus de porte : la Moisson, grisaille simulant un bas-relief entouré d'une guirlande de fleurs. Époque Louis XVI.

96 — Enfants symbolisant la Sculpture, peinture d'après *Boucher*.

97 — Panneaux décoratifs de diverses époques.

98 — Grande miniature sur vélin : les Commandements de Dieu et de l'Église, écrits sur deux compartiments

entourés de riches encadrements en couleurs avec rehauts d'or, figures, architecture, attributs de piété. Époque Louis XIV.

99 — Plusieurs gravures en couleurs.

MEUBLES ET BOIS SCULPTÉS

100 — Meuble à deux corps et à quatre portes décorées de figures allégoriques aux Saisons, sculptées en bas-relief. Le corps supérieur est cantonné de colonnettes. xvi⁰ siècle.

101 — Coffre gothique à panneaux sculptés, meneaux flamboyants et arceaux, séparés par des colonnettes ornées. Serrure à moraillon de l'époque.

102 — Bas-relief rectangulaire et légèrement concave, à figures d'anges, têtes de chérubins et gros fleurons sur fond doré et rechampi blanc. Fin du xvi⁰ siècle.

103 — Prie-Dieu de l'époque Louis XIII, décoré d'ornements polychromes et offrant sur la porte une figure de sainte Catherine.

104 — Corps supérieur d'un meuble du xvii⁰ siècle, à montants sculptés et frise ornée d'incrustations. Il ferme à deux vantaux surmontant un tiroir.

105 — Petite armoire gothique à deux portes montrant des écus armoriés entourés de meneaux flamboyants. Des colonnettes décorent l'entredeux et les montants.

106 — Coffre de la Renaissance en bois sculpté, offrant sur
la façade en bas-relief huit bustes de souverains, dispo-
sés sur deux rangées, et encadrés de feuilles et d'ornements.

107 — Trois portes d'une armoire en chêne sculpté des
premières années du xvie siècle, composées de panneaux
sculptés : figures d'apôtres abritées sous des niches,
médaillons bustes, feuillages, etc.

108 — Porte gothique en chêne sculpté, à colonnettes appli-
quées aux montants du chambranle.

109 — Beau coffre du xvie siècle, montrant sur la façade un
cartouche en bas-relief : Diane chasseresse, et sur les
montants des groupes de figures en haut-relief; les fonds
sont relevés de dorure.

110 — Banc à accoudoirs en chêne sculpté du xvie siècle,
décoré sur la façade de cinq figures allégoriques placées
sous des arcades surbaissées que séparent des pilastres
en saillie ornés de pentes de feuilles.

111 — Porte en bois sculpté et découpé à jour, à motifs de
feuilles et de rinceaux. Époque Louis XIV.

112 — Devant de coffre à décor de stuc en relief, peint et
doré, consistant en oiseaux inscrits dans des entrelacs.
Travail italien du xve siècle.

113 — Devant de coffre en bois sculpté, décoré de festons de
pampre. xvie siècle.

114 — Deux panneaux d'une porte du xvie siècle, composés

de compartiments carrés et rectangulaires, encadrés de moulures, et dont plusieurs sont décorés de figures allégoriques en bas-relief.

115 — Panneau à guirlandes et festons sculptés du XVIIᵉ siècle.

116 — Coffre à façade décorée de médaillons bustes et de pilastres ornés. XVIᵉ siècle.

117 — Plusieurs panneaux de lambris à serviettes repliées. XVIᵉ siècle.

118 — Stalle gothique à accoudoirs et siège formant coffre au moyen d'une serrure à moraillon figuré par une guivre. La face présente deux panneaux sculptés : fenestrages et nervures en ogive ; les côtés sont ornés de panneaux à serviettes repliées. XVᵉ siècle.

119 — Petite armoire du XVIᵉ siècle, à vantaux sculptés.

120 — Crédence en chêne sculpté, ouvrant à deux vantaux et deux tiroirs, et décorée de feuillages, d'animaux, de dragons, etc. Les portes sont garnies de pentures en fer ouvré à jour.

121 — Cabinet en bois sculpté, à façade d'aspect monumental d'une riche ornementation, avec niche au centre et fronton entrecoupé dont l'entredeux est occupé par un blason. Fin du XVIᵉ siècle.

122 — Petit meuble à deux corps et à quatre portes, à compartiments encadrés de moulures. XVIIᵉ siècle.

123 — Petit coffre du XVIᵉ siècle, à panneaux sculptés, mé-

daillons bustes et rinceaux, et séparés par des colonnettes.

124 — Porte du xvie siècle, à compartiments sculptés, candélabres, rinceaux et feuillages.

125 — Support triangulaire en bois sculpté, cantonné de colonnes d'angles et offrant sur chaque face une figure d'homme en bas-relief, abritée sous une niche. xvie siècle.

126 — Deux portes en bois de chêne, à compartiments rectangulaires contenant des couronnes de laurier avec, au centre, un médaillon ovale : chiffre timbré d'une couronne comtale ; les ornements étaient dorés et le fond peint en blanc.

127 à 129 — Trois devants de coffres du xve siècle, composés chacun de cinq panneaux sculptés en hauteur : fenestrages et meneaux du style gothique flamboyant.

130 — Caquetoires à dossiers sculptés.

131 — Sièges anciens.

132 — Deux tréteaux à pieds obliques en forme de colonnes côtelées en spirale et reliées à leurs bases par des traverses ornées.

133 — Statuette d'ange debout portant un chandelier. xve siècle.

134 — Lots de culs-de-lampes, crédences, corbeaux en bois sculptés, à figures d'anges, feuilles gothiques, etc. xve siècle.

135 — Fronton Louis XIV en bois sculpté et doré, représentant un dais flanqué de rinceaux et de feuillages.

136 — Figure-applique en bois peint : la Vierge à mi-corps.

137 — Statuette-applique (incomplète) de saint Jean-Baptiste. France, xviie siècle.

138 — Cariatide : Figure d'un roi sur gaine à volutes et guirlandes. xviie siècle.

139 — Deux montants à arabesques et une frise à griffons sculptés en relief et dorés sur fond peint blanc. Époque Louis XVI.

140 — Console demi-lune, bandeau à oves, perles et feuilles d'eau, supportée par un seul pied à guirlandes et feuillages. Époque Louis XVI.

141 — Plusieurs lots de colonnettes gothiques et de contreforts, à imbrications, meneaux, etc.

142 — Colonnes de lit en acajou massif à côtes et feuilles sculptées. xixe siècle.

143 — Environ 80 lots de bois sculptés : nombreux panneaux gothiques et de la Renaissance, écussons armoriés, frises, cariatides, montants, chapiteaux.

144 — Panneaux et ornements des xviie et xviiie siècles, vases d'amortissement, etc.

MEUBLES DIVERS

145 — Grand meuble à deux corps en racine avec moulures en bois noir, garni d'entrées en cuivre ; le haut forme cabinet, le bas est à deux tiroirs et deux vantaux pleins. XVIIe siècle.

146 — Petit cabinet Louis XIII en marqueterie de bois clair, représentant des paysages. Piétement en bois noir tourné.

147 — Piano en acajou du commencement **du XIXe siècle**, de Johann Fritz, à Vienne, avec corps supérieur **en** forme de harpe tendu de soie verte.

148 — Petite table de dame, de forme ovale, élevée sur deux pieds reposant sur patins. Dessus ouvrant et garni d'une pelote en velours. Fin du XVIIIe siècle.

149 — Petit meuble en acajou Louis XVI, table à tiroir et porte à coulisseau ; dessus en marbre blanc et casier supérieur aussi à coulisseau.

150 — Lavabo-trépied à têtes de lions et volutes, acajou. Fin du XVIIIe siècle.

151 — Guéridon octogone sur trois pieds, à cygnes et griffes de lions en acajou de l'Empire.

152 — Petit guéridon rond sur trois pieds quadrangulaires avec tiroir. Acajou et baguettes cuivre. Époque Louis XVI.

153 — Petit cabinet à cylindre et tiroirs, en marqueterie à

fleurs; dessus plat avec galerie en cuivre. Époque
Louis XVI.

154 — Table carrée à deux faces pourvues chacune de seize
tiroirs sur deux rangs.

155 — Médaillier en noyer, fermant à quatre portes.

156 — Deux consoles demi-lunes en bois sculpté et doré,
style Louis XVI ; pieds en forme de colonnes et traverses
supportant une lyre enguirlandée. Tablettes en marbre
blanc.

157 — Commode Louis XVI en acajou, à dessus de marbre.

158 — Deux fauteuils Louis XVI peints en noir, couverts en
Perse.

TAPISSERIES

159 — Deux petits panneaux en largeur offrant chacun une
figure de sainte se détachant sur un champ rouge semé
de fleurons et d'entrelacs. xve siècle.

160 — Curieux fragment de tapisserie : groupe de personnages portant de riches costumes du Moyen-Age. —
Haut., 1 m. 10 cent. ; larg., 1 m. 55 cent.

161 — Grande bordure de tapisserie du xvie siècle : enfants,
oiseaux et fruits.

162 — Fragment de tapisserie Renaissance : écu aux armes

de l'Empire, timbré d'un casque à grilles que surmonte
une couronne fleuronnée, d'où émerge une tête de chien.
Pour supports : deux anges en tunique bleue, ressortant
sur un fond historié de rinceaux. — Haut., 1 m. 85 sur
1 m. 85 cent.

163 — Fragment du xvᵉ siècle : saint personnage debout en
riche costume, fond bleu ; en haut, un écu portant deux
clefs.

164 — Tapisserie gothique (incomplète), représentant plusieurs personnages en curieux costumes du Moyen-Age :
Enfant présentant une colombe à une dame assise, en
robe de brocart, hallebardier, fauconnier, paysannes
apportant des corbeilles de raisins, etc. — Haut., 2 m.
50 cent. ; larg., 2 m. 45 cent.

165 — Grande tapisserie du xvɪᵉ siècle (incomplète), fond
rouge, à décor de figures, chimères, rinceaux, fleurs,
draperies, d'un beau style italien.

166 — Bande horizontale d'une bordure de la Renaissance à
motifs de fruits coupés par des arceaux à cariatides ;
fond blanc.

167 — Autre tissée d'or, représentant des Néréides et des
Tritons en camaïeu brun. xvɪᵉ siècle.

168 — Montant de bordure à petites figures : fruits, paon.
xvɪᵉ siècle.

169 — Montant : figures sous une colonnade. xvɪᵉ siècle.

170 — Trois morceaux en tapisserie tissée d'argent, de la
fin du XVIᵉ siècle, représentant des cartouches qui con-
tiennent l'un, une armoirie, et l'autre, le chiffre A. M.
(Anne de Montmorençy ?) ; le troisième, un paysage.

171 — Trois morceaux de tapisserie du XVIᵉ siècle.

172 — Lot de coupes d'une bordure étroite en tapisserie
Renaissance, tissée or et argent.

173 — Grande bordure incomplète de belle tapisserie Louis
XIV, à motifs de fleurs, brûle-parfums, tabliers, etc., sur
fond rouge.

174 — Bordure incomplète Louis XIII, trophées d'instru-
ments de musique, médaillons, etc.

175 — Lot de huit fragments d'ancienne tapisserie, ornements de bordures.

176 — Lot composé de fragments de bordure de la Renaissance, et de morceaux divers.

177 — Tapisseries incomplètes et en mauvais état, fragments,
lots de bordures.

178 — Deux côtés de bordure d'ancien tapis velouté de la
Perse, fond jaune, fleurons et entrelacs polychromes.

179 — Deux panneaux en hauteur, en tapisserie au petit
point, à bouquets et festons liés par des rubans, sur fond
en perles de verre blanc. XVIIᵉ siècle.

LIVRES — OUVRAGES A FIGURES

GRAVURES

180 — *Art industriel* : L'Ornement des Tissus, recueil histo-
rique et pratique, par M. Dupont-Auberville; cent
planches en couleurs, or et argent, contenant les plus
beaux motifs d'après les pièces originales de l'art ancien,
du Moyen-Age, de la Renaissance et des xviie et xviiie siècles. Paris, Bachelin-Deflorenne, Ducher et Cie (12 exemplaires en livraisons).

181 — *Recueil de bois* ayant trait à l'imagerie populaire, aux
cartes, aux papiers, par A. R. de Liesville. Caen, chez
Leblanc-Hardel, 1867.

182 — Un volume in-fol., contenant : *Recueil de divers
dessins de Fontaines et de Frises maritimes inventez et
dessignez par* M. Le Brux, premier peintre du Roy, à
Paris, chez Audran; *Livre de différents obélisques* par
Oppenord, architecte; *Architecture* de Piranesi; *Nuova
Pianta di Roma data in Luce* da Giambattista Nolli,
l'anno m.dccxlviii; une suite remarquable de *Portiques et
dessins d'architectures* au lavis, par François Caumette,
peintre, etc., etc.

183 — Recueil in-fol. de Dessins a l'aquarelle (du temps
du premier Empire) : vases, pommes d'amortissement,
cariatides, ornements, robinets, toilettes de voyage, tri-
coteuses, vide-poches, tables de nuit, clous, bouts de
cannes, gonds, boutons et anneaux de tirage, sabots,

roulettes, chapiteaux, entrées, appliques, chenets, ferrures, serrures, casseroles, boîtes à thé, écritoires, cafetières, huiliers, quinquets.

184 — *L'Art du coutelier* par JEAN JACQUES PERRET, maître coutelier de Paris, M.D.CCLXXI.

185 — *Art de travailler les cuirs dorés ou argentés* par M. FOUGEROUX DE BONDAROY, MDCCLXII.

186 — Un vol. in-fol., *Géométrie et perspective* du XVIIe siècle.

187 — Nombreux catalogues de ventes publiques, catalogues illustrés, etc., etc.

188 — Plusieurs portefeuilles de dessins, gravures, photographies.

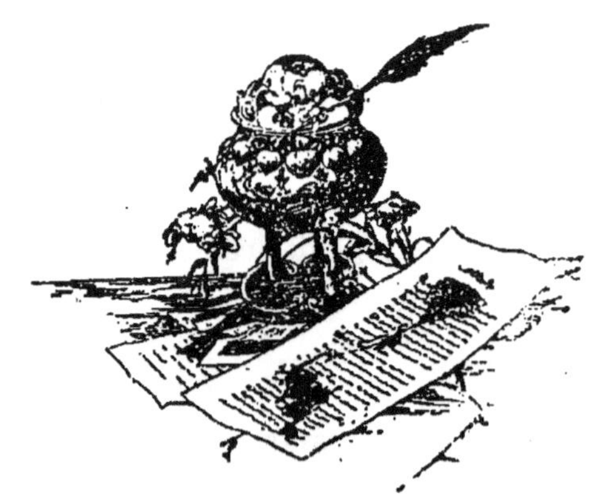

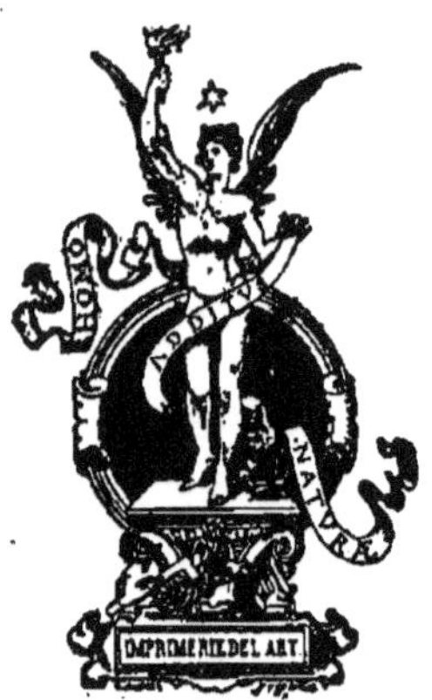
HOMO
ADDIT
NATVRÆ
IMPRIMERIE DE L'ART

www.ingramcontent.com/pod-product-compliance
Lightning Source LLC
Chambersburg PA
CBHW051244070726
47594CB00013B/2836